Cochinita bien vestida

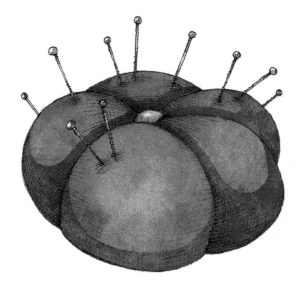

Elizabeth Sengel
Ilustrado por Lane Yerkes

HAMPTON-BROWN
Quien sabe dos lenguas vale por dos.®

Panchita cose un vestido.
—Es mucho vestido para mí
—dijo Cochinita.

2

¡Chis, chas!

—Ya está bien —dijo Panchita.

—Me gusta mucho —dijo Cochinita.

3

Panchita cose un chaleco.
—Es mucho chaleco para mí
—dijo Cochinita.

4

¡Chis, chas!

—Ya está bien —dijo Panchita.

—Me gusta mucho —dijo Cochinita.

5

Panchita cose un abrigo.
—Es mucho abrigo para mí
—dijo Cochinita.

6

¡Chis, chas!

—Ya está bien —dijo Panchita.

—Me gusta mucho —dijo Cochinita.

7

¡Lista!
¡Una cochinita bonita y feliz!

8